DES TESTAMENTS

DES FRANÇAIS

A L'ÉTRANGER

REÇUS PAR LES CHANCELIERS DES CONSULATS

PAR

Ferdinand SANLAVILLE

DOCTEUR EN DROIT, AVOCAT A LA COUR-D'APPEL

PARIS

BERGER-LEVRAULT ET Cie, LIBRAIRES-ÉDITEURS

5, RUE DES BEAUX-ARTS, 5

MÊME MAISON A NANCY

—

1884

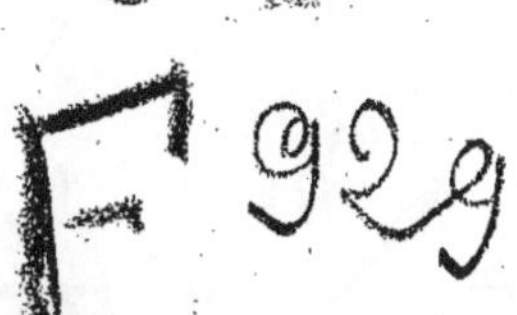

DES TESTAMENTS

SOLENNELS

DES FRANÇAIS

A L'ÉTRANGER

REÇUS PAR LES CHANCELIERS DES CONSULATS

PAR

Ferdinand SANLAVILLE

DOCTEUR EN DROIT, AVOCAT A LA COUR D'APPEL

PARIS

BERGER-LEVRAULT ET Cie, LIBRAIRES-ÉDITEURS

5, RUE DES BEAUX-ARTS, 5

MÊME MAISON A NANCY

—

1884

(*Extrait* de la Revue Générale d'Administration.)

DES

TESTAMENTS SOLENNELS DES FRANÇAIS

A L'ÉTRANGER

REÇUS PAR LES CHANCELIERS DES CONSULATS

———

Lorsqu'un Français, en pays étranger, veut faire son testament, il peut, aux termes de l'article 999 du Code civil, soit employer la forme olographe telle qu'elle est déterminée par le Code, soit observer les formalités exigées par la loi étrangère, par la loi du pays où l'acte est passé, conformément à la règle : *locus regit actum*.

En dehors de ces deux modes de testaments, reconnus expressément par le législateur, le Français à l'étranger pourrait-il faire rédiger par le chancelier du consulat de France l'acte de ses dernières volontés, en la forme authentique (art. 971 et suiv., C. civ.), ou en la forme mystique (art. 976 et suiv., C. civ.), ou bien encore en la forme du *testament solennel* établie par l'article 24 de l'ordonnance d'août 1681 sur la marine ? Ces dernières formes de testaments peuvent donner lieu en doctrine et en pratique à des controverses sérieuses. Nous ne nous proposons d'étudier que l'application de l'ordonnance de 1681.

L'article 24, titre IX, livre Ier, de cette ordonnance est ainsi conçu :

« Les testaments reçus par le chancelier dans l'étendue du consulat « en présence du consul et de deux témoins et signés d'eux, seront « réputés solennels. »

Cette disposition, confirmée par un édit de juin 1778, est-elle encore applicable depuis la promulgation du Code civil, bien qu'il ne s'y réfère pas en termes exprès ?

Doit-on décider au contraire que, le Code civil ayant traité des testaments faits par les Français en pays étranger (art. 999), les textes de notre ancien droit, relatifs au même objet, sont actuellement abrogés, conformément aux dispositions contenues dans l'article 7 de la loi du 30 ventôse an XII? C'est l'objet de notre étude.

Nous aurons donc à examiner si les chanceliers des consulats sont actuellement compétents pour dresser les testaments des Français à l'étranger ; en second lieu, si, en admettant la compétence des chanceliers, ceux-ci ne doivent pas se conformer à toutes les formalités exigées par le Code civil et la loi sur le notariat pour la rédaction des testaments authentiques, tout au moins dans les pays soumis au régime des capitulations. Enfin, nous rechercherons si, à supposer que l'ordonnance de 1681 soit encore en vigueur en ce qui concerne la rédaction des testaments solennels, le chancelier ne doit pas, dans tous les cas, compléter les prescriptions de cette ordonnance par les formalités substantielles exigées par le Code civil et par la loi sur le notariat, soit dans les pays soumis au régime des capitulations, soit même dans les pays de chrétienté.

I.

Peu de temps après la promulgation du Code civil, le 2 novembre 1815, une circulaire du ministre des affaires étrangères considérait que les chanceliers des consulats étaient incompétents pour rédiger les testaments solennels des Français à l'étranger.

Le 22 mars 1834, une autre circulaire du ministre des affaires étrangères, rédigée d'accord avec le ministre de la justice, abrogea celle de 1815 et admit que les chanceliers pouvaient légalement dresser les testaments solennels dans la forme exigée par l'article 24 de l'ordonnance de 1681.

Avant d'entrer dans l'examen des raisons qui peuvent être invoquées en faveur de l'un et de l'autre système, nous devons rappeler que les circulaires et instructions ministérielles n'ont aucune valeur législative à l'égard du public, qu'elles ne peuvent pas créer le droit mais doivent être seulement un reflet de la loi ; que leurs dispositions qui sont contraires aux lois sont nulles et ne sont pas obligatoires pour les tribunaux. [Aucoc, Conférences, tome Ier, n°s 62 et suiv., p. 119 et suiv.

(éd. 1878). — Aubry et Rau, t. I, p. 11. — Dalloz, *Rép.*, v° *Lois*, n° 82.]
En conséquence, les circulaires ministérielles de 1815 et de 1834 ne
peuvent avoir dans le débat qu'une simple valeur doctrinale.

Ce premier point établi, trois opinions sont en présence, qui admettent ou rejettent la compétence des chanceliers de consulats pour la
rédaction des testaments des Français à l'étranger.

Un certain nombre d'auteurs et d'arrêts, adoptant le système de la
circulaire du 22 mars 1834, admettent que la forme des testaments solennels est réglementée uniquement par l'ordonnance de 1681, à l'exclusion même du Code civil. (Demolombe, t. IV, *Des Donations*, n° 477,
p. 425 et suiv. — Aubry et Rau, t. VII, § 661, p. 90. — Dalloz, *Rép.*,
v° *Dispositions entre vifs et testam.*, n° 3409.— Troplong, t. III, *Des Donations*, n°ˢ 1737 et 1738. — Féraud-Giraud, *De la Juridiction française dans les Échelles du Levant*, t. II, p. 119 et suiv. — Wheaton et
Lawrence, *Comment. sur les éléments du droit international*, t. IV,
p. 128. Comp. Fœlix et Demangeat, t. I, p. 445, note *b*. — Paris, 27
août 1825, V° Dugommier, Dalloz, *Rép.*, *loc. sup. cit.* — Dijon, 9
avril 1879, D. P. 1879, II, 108, Nectoux. — Aix, 30 mars 1881; Sirey,
1882, II, 241, Vidal.)

Une autre opinion repousse absolument la compétence des chanceliers pour constater d'une manière solennelle les dernières volontés
des Français à l'étranger. Cette opinion est celle que reproduisait la
circulaire du 2 novembre 1815. (Duranton, t. IX, p. 181 et suiv. en
note; voir aussi texte n° 160. — V. le journal *la Loi*, n°ˢ des 11 et
12 avril 1883.)

D'autres auteurs et d'autres arrêts reconnaissent la compétence des
chanceliers, mais exigent qu'ils remplissent toutes les prescriptions
imposées aux notaires par la législation moderne ou tout au moins,
qu'ils complètent les dispositions de l'ordonnance de 1681 par les formalités substantielles des testaments authentiques prévues par le Code
civil. (Marcadé, t. IV, sur l'art. 999, n° 14, p. 65. — De Clercq et de Valat, *Guide pratique des consulats*, t. I, p. 322 et 324. —Laurent, t. XIII,
n° 163. — Aix, 16 février 1871. D. P. 1872, II, 52, Lafont. — Cass., ch.
civ., 20 mars 1883, aff. Vidal. D. P. 1883, I, 145.)

Nous allons examiner les arguments invoqués dans ces différents
systèmes.

L'article 999 du Code civil porte : « Un Français qui se trouvera en
« pays étranger pourra faire ses dispositions testamentaires par acte

« sous signature privée, ainsi qu'il est prescrit en l'article 970, ou par
« acte authentique *avec les formes usitées dans le lieu où cet acte sera
« passé.* »

La circulaire du 22 mars 1834 expose : « Qu'en admettant que l'ar-
« ticle 999 du Code civil comprenne les testaments reçus par les chance-
« liers, ce ne peut être que pour les consacrer implicitement, puisqu'il
« dit qu'un Français à l'étranger pourra tester par acte authentique,
« avec les formes usitées dans le lieu où cet acte sera passé », et que
*la réception des testaments par les chanceliers de consulats était pré-
cisément une de ces formes usitées à l'époque où fut promulgué l'article* 999; qu'en supposant, au contraire, que ce même article ne concerne pas les testaments reçus par les chanceliers, l'article 7 de la loi
du 30 ventôse an XII n'est pas alors applicable dans l'espèce, puisqu'il
n'a trait qu'aux matières qui font l'objet du Code civil. »

Cette espèce de dilemme ne nous semble pas reposer sur des bases
juridiques.

D'abord, dit-on, l'expression : *avec les formes usitées dans le lieu
où l'acte sera passé* comprend les formes exigées par l'ordonnance
de 1681, puisque celles-ci étaient employées par les chanceliers des
consulats lors de la rédaction du Code civil.

Cette argumentation nous paraît tout à fait inadmissible et elle dé-
tourne l'article 999 de son sens grammatical et logique. On ne saurait en
effet prétendre que l'expression : *avec les formes usitées dans le lieu
où l'acte est passé* s'applique non seulement aux formes établies par
la loi étrangère, mais aussi aux formalités exigées par la loi de la
nation à laquelle appartient le chancelier. Cette loi, cette forme
n'est pas en effet *usitée* dans le pays étranger. Comprendrait-on, par
exemple, parmi les différentes formes de testaments *usitées* en
France, les formes des testaments, prescrites par les lois anglaises,
allemandes, italiennes, etc.? Évidemment non. Et cependant les consuls
de ces différentes nations peuvent appliquer ces formes en France à
leurs nationaux; mais personne ne dirait qu'elles sont en usage en
France, elles sont au contraire une exception à l'usage, à la législation
française. Ce qui est vrai pour la France, doit l'être également pour les
pays étrangers. Ainsi l'ordonnance de 1681 appliquée par les chanceliers des consulats de France en pays étranger n'était pas *usitée* dans
ces pays lors de la rédaction du Code civil, mais constituait une dérogation à l'usage, à la loi locale.

D'ailleurs, des termes de l'article 999 du Code civil, il semble résulter que les formes des testaments qu'il autorise, en dehors, bien entendu, du testament olographe, peuvent varier suivant les pays. Les expressions : *avec les formes usitées dans le lieu où l'acte sera passé* impliquent qu'elles ne se réfèrent pas à l'ordonnance de 1681 qui édictait un seul mode de testament solennel, quel que fût le pays étranger où il était reçu, une législation uniforme pour les Français à l'étranger.

En droit, il est également évident que l'article 999 du Code civil n'a entendu se référer qu'à la législation nationale du pays où l'acte est passé. Cet article n'est en réalité qu'une application de la règle : *locus regit actum,* d'après laquelle la validité des actes est subordonnée à l'accomplissement des formalités exigées par la loi du pays où ces actes sont passés. (Merlin, *Rép.,* v° *Testament,* p. 685.)

Cette interprétation résulte du rapprochement qu'il faut faire entre l'article 999 et les articles 47 et 170 du Code civil. Ces derniers articles contiennent en effet les mêmes expressions que l'article 999, et leur sens se trouve fixé d'une manière indiscutable par leur comparaison avec l'article 48 du Code civil ; il est donc certain qu'ils sont uniquement une application de la maxime : *locus regit actum.* Duranton fait ressortir avec énergie le sens qui résulte logiquement de la comparaison de ces divers textes : « Quoi, dit-il, l'article 999, en parlant *des formes usitées dans le lieu où l'acte sera passé,* n'aurait pas eu seulement en vue les formes établies par les lois, les usages des pays étrangers ! — Pour nous, cela n'est l'objet d'aucun doute, surtout si l'on rapproche cet article des articles 47 et 48 ainsi conçus : « Tout acte de l'état civil des Français et des étran« gers, fait en pays étranger, fera foi s'il a été rédigé *dans les formes usi« tées dans ledit pays.* — Tout acte de l'état civil des Français en pays « étranger sera valable, s'il a été reçu, *conformément aux lois fran« çaises,* par les agents diplomatiques ou par les consuls. » Ainsi, l'on distingue bien clairement les *formes usitées dans les pays étrangers* des *formes ou lois françaises* suivies par les agents diplomatiques ou par les consuls, puisque ce point avait déjà été réglé par l'article 48. » (Duranton, t. IX, p. 181 et suiv., en note ; voir aussi texte n° 160.)

Il faut en tirer comme conséquence logique que l'article 999 ayant employé les mêmes expressions que l'article 47, mais n'ayant ni reproduit de dispositions analogues à celles de l'article 48, ni confié aux chanceliers la rédaction des testaments, la compétence de ces officiers publics en cette matière n'est pas maintenue.

M. Demolombe, bien qu'admettant que le Français en pays étranger peut encore maintenant faire devant le chancelier du consulat un *testament solennel,* reconnaît néanmoins la justesse de ce raisonnement. (T. IV, *Des Donations,* n° 477, p. 427.)

Cependant, on objecte que les consuls étant déjà compétents pour dresser les testaments des Français en vertu de l'ordonnance de 1681, lors de la rédaction du Code civil, il était inutile de les investir de nouveau de ce droit; mais que, n'ayant pas autrefois le droit de rédiger les actes de l'état civil, ce droit appartenant aux ministres du culte, il fallait que le Code civil le leur conférât expressément. Par suite, on en conclut que l'on ne pourrait tirer argument du rapprochement des articles relatifs aux actes de l'état civil avec l'article 999, ni en inférer que cet article n'ayant pas parlé des chanceliers, mais seulement de la rédaction des testaments dans les formes usitées dans le lieu où l'acte est passé, n'a pas entendu enlever aux chanceliers la capacité qu'ils avaient autrefois.

Cette objection manque en fait; car lors de la rédaction et de la promulgation du titre du Code civil relatif aux donations et testaments (13-23 floréal an XI), on reconnaissait déjà que les consuls (commissaires des relations commerciales de la République à l'étranger) étaient chargés de dresser les actes de l'état civil des Français à l'étranger. (Avis du Conseil d'État du 4 brumaire an XI. Dalloz, *Rép.,* v° *Actes de l'état civil,* p. 494, note 3.) On peut donc en déduire que le législateur a voulu donner le même sens aux expressions analogues contenues dans les articles 47, 170 et 999 du Code civil, et par suite, que l'article 999 traitant des testaments des Français à l'étranger, n'admet que le testament olographe conformément à la loi française (art. 970), ou le testament rédigé avec les formes usitées par la loi étrangère, d'après la maxime : *locus regit actum.*

Mais on dit encore que d'autres textes, notamment les articles 991 et 994 du Code civil établissent qu'il peut y avoir, en pays étrangers, des officiers publics français, compétents pour recevoir les testaments des Français; or, dit-on, ces officiers publics ne peuvent être que les chanceliers des consulats. (Demolombe, t. IV, *Des Donations,* n° 477, p. 427.)

Cette argumentation en faveur de la compétence du chancelier ne nous paraît pas encore décisive, car l'article 994 doit être expliqué et interprété par l'article 991, dont il n'est qu'une application. Or, ce dernier article suppose que le chancelier du consulat reçoit le testament d'un Français, mais que ce testament est déjà fait ; le chancelier n'est donc, dans ce cas, qu'un simple dépositaire. Les articles 991 et 994, de même que l'article 999, ne reconnaissent en aucune façon la compétence de cet officier public pour *rédiger* les testaments solennels. Donc, ces articles confirmant la capacité du chancelier en ce qui concerne le dépôt du testament, ne la confirment pas en ce qui touche la rédaction de cet acte.

Ainsi, ni l'article 999, ni aucun autre article du Code civil n'attribuent aux chanceliers le pouvoir de dresser les testaments solennels des Français ; il faut en conclure que le Code civil n'a pas maintenu la compétence de ces officiers publics.

Cependant, la circulaire de 1834 tire une autre conséquence du silence du Code à cet égard lorsqu'elle dit que, à supposer que l'article 999 du Code civil ne concerne pas les testaments reçus par les chanceliers, l'article 7 de la loi du 30 ventôse an XII ne serait pas alors applicable, puisqu'il n'a trait qu'aux matières qui font l'objet du Code civil.

Ce raisonnement ne nous paraît pas justifier suffisamment la compétence des chanceliers de consulats. En effet, il nous paraît incontestable que le Code civil parle des testaments faits par les Français en pays étrangers. Les partisans du maintien complet de l'ordonnance de 1681 reconnaissent eux-mêmes que l'article 999 traite en partie des testaments des Français à l'étranger, soit en autorisant la forme olographe, soit en faisant au moins une application de la règle : *locus regit actum*. Mais nous ajoutons que l'article 999 du Code civil a entendu traiter complètement des testaments faits par les Français à l'étranger ; cela résulte des termes absolus de l'article 999, ainsi que de l'exposé des motifs de M. Bigot-Préameneu et du rapport de M. Joubert, au Tribunat, qui indiquent la volonté du législateur de traiter d'une manière complète des testaments faits par les Français ; par suite, il n'y a pas à distinguer entre les testaments faits à l'étranger et ceux faits en France. Nous sommes donc en droit de dire qu'il résulte du rapprochement de l'article 999 du Code civil et de l'article 7 de la loi du 30 ventôse an XII, qu'il n'y a plus de place dans notre législation moderne pour l'article 24 de l'ordonnance de 1681.

C'est en vain que l'on nous opposerait la maxime : *legi speciali per generalem non derogatur* ; en effet, il est de principe que les lois an-

ciennes ont été abrogées par le Code civil dans leurs dispositions spéciales qui se trouvent en opposition avec celles du Code, soit directement, soit même par voie de conséquence. (Aubry et Rau, t. Ier, § 14,
p. 23.) Or, ainsi que nous l'avons fait remarquer, l'article 999 du
Code civil réglant les modes de tester à l'étranger, il en résulte, par
voie de conséquence, que le testament dressé par le chancelier n'y
étant pas prévu, cette manière de faire son testament en pays étranger
est supprimée ; le chancelier ne saurait donc être compétent. (Journal
la Loi, numéros des 11 et 12 avril 1883.)

En faveur de la compétence des chanceliers, on pourrait encore
alléguer qu'un décret du 25 octobre 1865, ainsi que les lois annuelles
de finances, fixant le tarif des droits de chancellerie à percevoir pour la
réception des testaments par les chanceliers des consulats, il en résulterait que le législateur moderne aurait maintenu implicitement les
attributions de ces officiers publics.

On peut répondre que les lois de finances peuvent autoriser la perception d'un droit, mais qu'il n'en résulte pas que l'acte qui donne
ouverture à cette perception soit légal. Ces lois ne sont pas, en principe, attributives de compétence. A un autre égard, si la loi du 28 juin
1833 autorise pour la première fois la perception, pour 1834, de droits
de chancellerie relatifs aux testaments, elle le fait d'après les tarifs exis-
tants. Il y avait donc un tarif avant 1833, alors que l'administration,
conformément à la circulaire de 1815, déniait compétence aux chanceliers pour dresser les testaments des Français à l'étranger. L'argument tiré des lois de finances ne prouve donc absolument rien. On peut
observer enfin qu'il n'appartient ni à l'administration, ni même au
législateur d'interpréter la loi, mais que ce pouvoir est du ressort
exclusif des tribunaux.

A toutes ces raisons de droit invoquées pour ou contre la compétence des chanceliers, il convient d'ajouter que des motifs d'utilité
militent en faveur de leur capacité. Un Français en pays étranger, spécialement dans les Échelles du Levant et de la Barbarie,
pourrait se trouver quelquefois dans l'impossibilité de faire son
testament autrement qu'en la forme olographe, ou bien encore
il serait obligé de s'adresser aux officiers publics étrangers qui,
ignorant nos lois ou bien peut-être fanatiques et hostiles, n'offriraient
que peu de sécurité pour la rédaction d'actes aussi importants, ou
même se refuseraient absolument à dresser un testament. (V. Circulaire

ministérielle du 22 mars 1834 et note de M. de Lesseps, directeur des consulats. Troplong, t. III, *Des Donations entre vifs et des testaments*, p. 696, note.) Ces raisons pourraient justifier la présentation d'une loi nouvelle, mais il est évident que, isolées, elles sont dépourvues de toute valeur lorsqu'il s'agit d'interpréter les lois existantes.

La chambre civile de la Cour de cassation, dans un arrêt récent, en date du 20 mars 1883 (aff. Vidal), a tranché la question dans le sens de la compétence des chanceliers de consulats. Cet arrêt s'appuie sur les motifs suivants : « Attendu que l'article 999 du Code civil, qui per- « met aux Français en pays étranger de tester, soit en la forme olo- « graphe, soit par acte authentique avec les formes usitées dans le lieu « où l'acte sera passé, n'est pas exclusif de tout autre mode de pro- « céder et n'a pas entendu déroger à l'article 24, titre IX, livre I, de « l'ordonnance sur la marine du mois d'août 1681, aux termes duquel « les testaments reçus par le chancelier, dans l'étendue du consulat, « en présence du consul et de deux témoins et signés d'eux, seront « réputés solennels : qu'en effet, ces deux dispositions n'ont rien d'in- « compatible et que, dès lors, il n'est pas établi que l'une ait implici- « tement abrogé l'autre ; — attendu que cette abrogation virtuelle est « d'autant moins démontrée que l'article 994 du Code civil enjoint en « certains cas aux Français en pays étranger de faire recevoir leurs « testaments par les officiers publics de leur nation dans les lieux où « il en existe, que ces officiers publics ne peuvent être que les chance- « liers des consulats ; qu'ainsi, loin d'enlever à ces officiers le pouvoir « que leur avait conféré l'ordonnance, le Code l'a au contraire expres- « sément confirmé dans un cas particulier, d'où résulte confirmation « implicite pour tous les autres cas. » (D. P. 1883, I, 145.)

A ces raisons, nous croyons devoir ajouter quelques motifs qui jus- tifient la compétence des chanceliers pour rédiger les testaments des Français à l'étranger.

D'autres textes, tant antérieurs que postérieurs à la promulgation du Code civil, ont déterminé les attributions des chanceliers des consulats (notamment édit de juin 1778, ordonnance du 3 mars 1781, ordonnance 20 août-11 septembre 1833). On peut dire, en effet, que le Code civil s'étant occupé du testament maritime (art. 988-998), l'ordonnance de 1681 relative à ce même objet tombe sous le coup de l'article 7 de la loi du 21 mars 1804 (30 ventôse an XII). Mais il ne s'ensuit pas que les chanceliers n'aient plus le droit de recevoir les testaments. « Ces

« chanceliers, en effet, tirent leurs pouvoirs d'autres lois, notamment
« de l'ordonnance du 3 mars 1781 ; et comme ces lois organisent des
« règles de *droit public*, qu'elles sont dès lors relatives à des matières
« dont le Code ne s'occupe pas et ne tombent plus sous l'abrogation de
« la loi du 21 mars, il s'ensuit bien que ces chanceliers, par cela seul
« qu'ils sont toujours revêtus de leurs fonctions de notaires, peuvent
« toujours recevoir les testaments, pourvu qu'ils suivent, non pas les
« règles que pourraient contenir l'ordonnance de la marine, mais
« celles du Code et celles de la loi organique du notariat. » (Marcadé,
t. IV, sur l'article 999, n° IV, p. 65. — Comp. Dalloz, *Rép.*, v° *Disp. entre vifs et testam.*, n° 3409).

Il est, en effet, exact de dire que les attributions et les pouvoirs des
chanceliers de consulats se rattachent au droit public; car ils sont
des notaires, des fonctionnaires publics (art. 8, édit de juin 1778. —
art. 1er, loi du 25 ventôse an XI). On peut donc en conclure que la promulgation du Code civil n'a pas porté atteinte à la compétence notariale des chanceliers, mais que les formalités auxquelles ils étaient
astreints dans notre ancien droit, pour la rédaction des testaments, ont
été modifiées tant par la loi du 25 ventôse an XI, sur le notariat, que
par le Code civil lui-même.

Au surplus, à supposer que l'article 24 de l'ordonnance d'août 1681
soit encore pleinement en vigueur, des raisons particulières en re-
poussent l'application, du moins dans les pays soumis au régime des
capitulations ; pays dans lesquels, ainsi que nous allons le démontrer,
les règles du Code civil sur les testaments authentiques doivent seules
être appliquées.

II.

Dans un certain nombre de pays où la loi nationale refuse de reconnaître aux étrangers le droit à la protection des tribunaux ou à l'exercice des droits civils, il a paru nécessaire aux gouvernements civilisés
d'assurer à leurs nationaux, au moyen de traités, une situation légale
toute particulière.

Ainsi, en Orient, dans les contrées soumises à la loi du Coran, les
chrétiens ne peuvent obtenir des autorités locales l'application d'une
justice impartiale, ni l'observation du droit des gens tel qu'il est pra-
tiqué chez les nations européennes.

Aussi, depuis plusieurs siècles, la France a-t-elle conclu avec le gouvernement ottoman divers traités connus sous le nom de *capitulations*, par lesquels, en vue spécialement de faciliter les relations commerciales, les Français jouissent en Orient de prérogatives exceptionnelles.

La plus ancienne de ces capitulations date de l'année 1535, sous le règne de François Ier ; d'autres ont été conclues avec la Porte ottomane pour confirmer ou étendre ce premier traité, notamment en 1604, le 5 juin 1673, le 28 mai 1740, le 25 juin 1802, le 25 novembre 1838, etc. Enfin les droits résultant des capitulations et des usages ont été ratifiés par de nombreuses conventions internationales. Ainsi, le traité de Berlin du 13 juillet 1878 maintient les immunités et privilèges des sujets étrangers et des consuls tels qu'ils existaient sous la domination de la Porte, dans les pays qui étaient autrefois ses tributaires, par exemple en Serbie et en Roumanie, et déclare que cette situation restera en pleine vigueur tant qu'elle n'aura pas été modifiée formellement. (Art. 37 et 49 du traité. Protocole du 25 juin 1878. — De Clercq, *Recueil des traités,* t. XII, 1877-1880, p. 213 et suiv.; voir aussi p. 202. — *Revue de droit international et de législation comparée,* t. XI, 1879. Engelhardt, p. 532 ; — t. XII, 1880, Bluntschli, p. 410.)

Applicables d'abord à certains ports de l'Asie et de l'Afrique, connus sous la dénomination d'Échelles du Levant et de la Barbarie, les capitulations furent étendues dans la suite à tous les pays relevant directement ou indirectement de la souveraineté de la Porte ottomane, en Europe, en Asie et en Afrique.

Les avantages que ces traités conférèrent à nos nationaux donnèrent à la France une situation prépondérante dans les pays musulmans. Ainsi la France a eu l'avantage d'être entrée la première dans la voie des traités avec le Grand Seigneur, longtemps avant les autres nations européennes. Le traité de 1604 reconnaît même aux consuls de France en Orient un droit de protection sur les sujets d'autres États européens, notamment sur les Vénitiens, Anglais, Espagnols, etc. Ce n'est que dans les temps plus modernes que les autres puissances civilisées ont obtenu de la Porte des traités analogues à nos anciennes capitulations. De l'interprétation de ces différentes capitulations et des usages qui, prenant force de loi dans l'Empire ottoman, sont venus les compléter, il résulte une situation exceptionnelle pour les Français en Orient. Affranchis de la justice locale, ils ne relèvent que des tribunaux de leurs

consuls tant au civil qu'au criminel ; pour tous les actes de la vie
civile, ils sont réputés en France et nos consuls jouissent de pouvoirs
très étendus. Il y a donc dans cette situation particulière une dérogation au droit des gens et à la souveraineté territoriale des États.

Les différences de mœurs, de législation, de religion, ont nécessité,
ainsi que nous l'avons fait observer, ces prérogatives exceptionnelles,
dérogatoires aux principes du droit international. Des motifs analogues existant à l'égard d'autres nations avec lesquelles nous sommes
en rapport, il a paru utile de créer aux Français, dans ces États, une
situation semblable à celle dont ils jouissent en vertu des capitulations.
(Calvo, *le Droit international*, t. I, p. 546, § 501 ; p. 549, § 505 ;
voir aussi p. 554. — Féraud-Giraud, *De la Juridiction française dans
les Échelles du Levant*, t. I, p. 29 et suiv.) Tel a été le but des traités
passés avec plusieurs États situés notamment dans l'extrême Orient :
ainsi le 17 novembre 1844 avec l'iman de Mascate ; le 24 septembre
1844 et le 27 juin 1858 avec la Chine ; le 9 octobre 1858 avec le
Japon ; le 12 juillet 1856 avec la Perse ; le 15 août 1856 avec le
royaume de Siam, etc...

Parmi les immunités et les privilèges dont les Français jouissent
dans les pays soumis au régime des capitulations, un des plus importants est d'être toujours considérés comme étant sur le sol même de la
patrie. Les consuls, et même les simples particuliers, bénéficient de
cette immunité territoriale que l'on a coutume d'appeler : la fiction de
l'*exterritorialité*. Ce privilège n'est accordé dans les pays de chrétienté
qu'aux seuls ambassadeurs ou agents diplomatiques. Mais de notables
différences existent entre ces deux sortes d'*exterritorialité*.

C'est qu'en effet le but est différent. L'*exterritorialité* dont jouissent
les agents diplomatiques a uniquement pour raison d'être, le respect
qui est dû à l'État qu'ils représentent, et par suite se borne à la protection de l'agent diplomatique et des siens (comp. Fœlix et Demangeat,
Droit international privé, t. I, p. 414 et suiv.), parce que, suivant
une expression de Montesquieu (*Esprit des lois,* livre XXVI, chap. xxi),
les ambassadeurs « sont la parole du prince qui les envoie, et cette
parole doit être libre ».

Mais l'*exterritorialité* qui est accordée aux Français en vertu des
capitulations et des usages a pour but, non seulement la sauvegarde
des intérêts généraux, mais surtout la protection des intérêts particuliers de chaque individu. Cette seconde sorte d'*exterritorialité* doit

donc être plus étendue que la précédente. Aussi, la fiction qui fait que l'on est considéré comme étant toujours sur le sol de la patrie s'applique, dans les pays soumis au régime des capitulations, non seulement aux agents diplomatiques, mais aussi à tous les consuls et même aux simples citoyens français. De telle sorte que dans ces pays tout Français n'est justiciable en principe que des agents du gouvernement français, n'est soumis qu'à la législation de la métropole et est réputé, lui aussi, comme étant toujours sur le sol de la patrie.

On peut donc dire que dans les pays soumis au régime des capitulations, il existe une sorte d'*exterritorialité* réciproque, en ce sens que le fonctionnaire français et le simple citoyen se trouvent l'un et l'autre réputés en France, le premier ne pouvant appliquer que la loi en vigueur dans la métropole et le second n'étant soumis qu'à cette loi. C'est par application de ces principes que l'on considère le consul et ses nationaux comme formant une sorte de colonie.

M. Féraud-Giraud (*De la Juridiction française dans les Échelles du Levant et de Barbarie*, t. II, p. 58 et suiv.) définit de la manière suivante la situation légale des Européens en Orient : « Ils forment, dans « les diverses places de l'Empire ottoman où ils résident, une sorte de « colonie ayant ses lois, ses droits, ses immunités et ses privilèges, « composée de personnes appartenant à des nationalités différentes, « ayant son unité par rapport au gouvernement turc..... Les étrangers « jouissent ainsi en Turquie d'une *exterritorialité* fictive et légale qui, « facile à expliquer, présente, au point de vue des principes du droit « public et international, les situations les plus anormales. L'exterrito-« rialité est fictive en ce sens qu'elle se produit sans démembrement ter-« ritorial et en conservant à l'État dans lequel elle s'opère, ses limites et « toutes ses possessions; elle est légale en ce sens que non seulement elle « résulte des capitulations et des conventions internationales, et qu'ainsi « elle est fondée en droit, mais encore en ce qu'elle produit des résultats « légaux, excessivement nombreux et importants. C'est ainsi que l'étran-« ger établi dans les Échelles du Levant et de la Barbarie conservera tou-« jours sa nationalité, ses droits civils et politiques, comme s'il n'avait « jamais cessé de conserver sa résidence et son domicile dans la métro-« pole. Que, résidant sur un territoire étranger, il conservera cepen-« dant ses lois nationales non seulement au point de vue du statut « personnel, mais encore de tous les actes, traités et conventions qu'il « pourra faire. Qu'il sera soumis à sa juridiction nationale, soit en ma-

« tière civile, soit en matière criminelle...... » (V. dans le même sens
Journal du droit international privé de M. Clunet, année 1876, p. 271 ;
trib. de Marseille, 21 mai 1875. — Calvo, *le Droit international*, t. I,
p. 546 [3ᵉ éd.]. — Montanari-Revest, *Droit international public en
temps de paix*, t. II, p. 364 et suiv.)

On peut donc conclure de cet exposé que le Français en Orient se
trouve exactement dans la même situation que s'il était en France,
qu'il est soumis exclusivement aux lois actuellement en vigueur dans
la mère patrie et qu'en conséquence l'ordonnance de 1681 est inappli-
cable en Orient, en tant du moins qu'elle est contraire aux lois de la
métropole qui l'ont modifiée. Donc, lors même que cette ordonnance
aurait encore force de loi dans les pays de chrétienté, elle ne pourrait subsister dans les pays soumis au régime des capitulations. Autrement, en effet, la fiction de l'*exterritorialité* serait supprimée dans
l'espèce, puisque le Français en Orient pourrait employer un mode de
testament qui n'est pas conforme à la législation appliquée sur le
sol même de la France. Ainsi, nous pouvons dire que le chancelier et
le simple citoyen français dans les Échelles du Levant et les autres pays
assimilés sont juridiquement en France.

La Cour de cassation a fait une application de ces principes, lorsqu'elle a déclaré que dans les Échelles du Levant et de la Barbarie, la
résidence de nos agents diplomatiques ou consulaires étant considérée
comme le sol même de la patrie, les chanceliers des consulats, insti-
tués notaires dans de telles circonstances, assument nécessairement toutes
les obligations auxquelles sont astreints les notaires sur le sol français
et sont soumis par suite aux prescriptions de la loi de ventôse an XI
sur le notariat (C. cass., req., 4 février 1863, Aberjoux ; D. P., 1863, I,
306). Comme conséquence, on devrait donc admettre que l'ordonnance
de 1681 est sans application dans les pays soumis au régime des capitulations et que le Code civil et la loi sur le notariat y sont seuls applicables en ce qui concerne la rédaction des testaments par les chanceliers. (Comp. Fœlix et Demangeat, t. I, p. 445, note *b*.)

A ce système, on peut faire plusieurs objections. D'abord, pourrait-
on dire, du moment où l'article 24 de l'ordonnance d'août 1681 est
encore en vigueur, quant aux pouvoirs qu'il attribue aux chanceliers
des consulats, il doit être considéré comme étant également en vigueur
quant aux conditions qu'il impose à l'exercice de ces pouvoirs.

Cette objection ne peut avoir de portée, du moins en ce qui concerne les pays soumis au régime des capitulations. En effet, ainsi que nous l'avons vu, la compétence des chanceliers se justifie par le motif qu'ils sont notaires et par suite fonctionnaires publics (art. 8, édit de juin 1778 ; art. 1er, loi du 25 ventôse an XI) ; leurs pouvoirs se rattachent donc au droit public, auquel la promulgation du Code civil n'a pu porter atteinte. Mais quant à la forme des actes, les chanceliers, en tant que notaires, sont tenus de se conformer aux prescriptions du Code civil et de la loi sur le notariat. Et cela est vrai, alors surtout que la fiction de l'*exterritorialité* spéciale aux pays soumis au régime des capitulations les fait considérer comme notaires sur le sol français et les assujettit par suite à toutes les lois de la métropole auxquelles il n'a pas été formellement dérogé. L'objection, si elle était prise en considération, aurait donc pour effet de supprimer en ce cas, ou du moins d'amoindrir, la fiction de l'*exterritorialité*.

Mais, pourrait-on ajouter, la loi du 25 ventôse an XI sur le notariat n'est pas applicable aux chanceliers, parce qu'ils remplissent des fonctions incompatibles avec celles des notaires ; en conséquence, les prescriptions de l'ordonnance de 1681 seraient seules à suivre.

Que les chanceliers des consulats ne soient pas astreints à toutes les obligations professionnelles auxquelles sont tenus les notaires en France, nous le reconnaissons volontiers. Mais conclure de là que les chanceliers sont affranchis des formalités substantielles qui sont exigées des notaires en France, pour la rédaction des actes de leur ministère, soit par la loi sur le notariat, soit par le Code civil, c'est faire une étrange confusion entre des dispositions qui ne sont pas nécessairement inséparables. Il est certain, en effet, ainsi que nous l'avons déjà vu, que, même avant la loi du 25 ventôse an XI, les chanceliers étaient déjà notaires (art. 8, édit de juin 1778). Or, la loi du 25 ventôse an XI contient deux sortes de dispositions, les unes sont relatives aux règles professionnelles auxquelles les notaires sont assujettis, les autres indiquent les formes de certains actes. Des textes spéciaux ont pu dispenser les chanceliers d'une partie des incompatibilités professionnelles de la loi de l'an XI, mais aucune loi ne modifie à leur égard le deuxième point relatif aux formes dont les actes doivent être revêtus. La loi du 25 ventôse an XI et le Code civil subsistent donc dans toute leur force en ce qui concerne les formes des testaments rédigés par les chanceliers des consulats.

Dira-t-on que l'ordonnance de 1681 est spéciale aux Échelles du Levant et qu'elle fait ainsi dérogation aux principes de l'*exterritorialité* en Orient?

Mais il suffit de lire l'ordonnance de 1681 pour se convaincre qu'elle n'est pas spéciale aux Échelles du Levant. Ainsi, d'une part, la rubrique du titre IX est conçue en des termes généraux : *Des Consuls de la nation française dans les pays étrangers* ; d'autre part, l'article 24 lui-même, ne parle en aucune façon des Échelles du Levant, alors que les articles spéciaux à ces pays le disent formellement. Enfin, les exceptions au droit commun ne se supposent pas ; or en Orient le droit commun, c'est la fiction de l'*exterritorialité* ; il faudrait donc que l'exception fût expresse pour qu'il fût dérogé à ce principe.

Le système que nous avons exposé et que consacre l'arrêt de la Cour de cassation du 4 février 1863 (aff. Aberjoux précitée) n'est pas contraire à la jurisprudence. En effet, si deux arrêts (C. cass. 7 décembre 1863, Llewellyn ; D. P., 1864, I, 129 ; — 30 avril 1867, Crespin ; D. P., 1868, I, 19) déclarent que les formalités du Code de procédure civile ne sont pas applicables, à peine de nullité, dans les Échelles du Levant, alors surtout que leur application serait impossible en fait, ces arrêts, rapprochés de plusieurs autres décisions de la Cour suprême, se justifient en droit et ne sont pas en contradiction avec le système admis par l'arrêt du 4 février 1863.

Ces arrêts déclarent que les formalités du *Code de procédure civile* ne sont pas applicables à peine de nullité dans les Échelles du Levant. Or, une grande différence existe entre les principes qui règlent la procédure civile et ceux qui sont relatifs au fond du droit, au droit civil lui-même.

A un premier point de vue, en effet, on doit remarquer que le Code de procédure civile n'entend pas modifier la procédure devant les tribunaux spéciaux, tel que le tribunal du consul dans les Échelles du Levant, dont, au surplus, il ne s'occupe en aucune façon, mais uniquement la procédure civile devant les juridictions qu'il désigne nommément (justices de paix, tribunaux civils, cours d'appel, etc.). L'article 1041 du Code de procédure civile et les dispositions générales relatives à la procédure ne laissent aucun doute à cet égard.

Par suite, le tribunal spécial du consul dans les pays soumis au régime des capitulations est assujetti aux règles de procédure qui lui sont particulières, à l'exclusion même des dispositions édictées par le Code de procédure civile, qui prévoient des cas autres que ceux réglés par la législation spéciale ou qui ne pourraient être appliquées en fait (C. cass. 3 janvier 1865, D. P., 1869, I, 287, Giraud). Mais si la jurisprudence reconnaît que la procédure devant le tribunal du consul doit être régie par les dispositions particulières à cette juridiction, elle admet que là où les textes spéciaux ont gardé le silence, le Code de procédure civile peut être appliqué à la procédure devant le tribunal du consul, en ce qui concerne les formalités substantielles. (C. cass. 21 avril 1869, Messageries imp. ; 30 juillet 1870, Thiébaut, D. P., 1871, I, 104 et 105.)

Ainsi on peut dire, en règle générale, que le Code de procédure civile peut être appliqué quand il n'y a pas de dérogation spéciale. Nous verrons par la suite que cette solution est conforme aux principes admis par la jurisprudence.

D'ailleurs, lors même que l'observation du Code de procédure civile serait circonscrite aux cas spéciaux qu'il prévoit, il n'en saurait être de même des règles posées par le Code civil. L'application du droit civil est générale et n'est limitée à aucune juridiction, ni à aucun fonctionnaire. Les termes de la loi du 30 ventôse an XII, qui a abrogé l'ancienne législation dans les matières qui font l'objet du Code civil, sont aussi généraux, aussi étendus que possible. La volonté du législateur de soumettre aux mêmes lois tous les Français, y est affirmée expressément. Si donc on admettait la coexistence de l'ordonnance de 1681 et du Code civil dans les Échelles du Levant en ce qui touche les testaments authentiques, il en résulterait l'application simultanée de deux législations sur la même matière, alors que la loi de ventôse an XII a pour effet de n'en laisser subsister qu'une seule.

A un autre égard, il y a une grande différence entre les règles de la procédure et celles du Code civil qui est relatif au fond du droit lui-même et dont les dispositions constituent les droits civils mêmes de tout citoyen français. On peut définir la procédure : un ensemble de règles extrinsèques au fond du droit qui déterminent les conditions auxquelles on doit se soumettre pour arriver à faire reconnaître le droit devant une juridiction déterminée. Le droit civil, au contraire, est celui qui règle les intérêts des particuliers, la famille, la propriété, les conventions ; il est la source des *droits civils,* c'est-à-dire des facultés, des avantages dont la jouissance appartient à tous les Français (Demolombe, t. I, n° 140, p. 147). Ces droits ne s'établissent que suivant les formes réglées par le législateur ; elles sont les conditions mêmes du droit et composent le Code civil. Ces formes sont donc inséparables du fond du droit lui-même.

Il faut en déduire que, refuser d'appliquer ces règles à un Français, serait le priver d'une partie de ses droits civils en dehors des cas prévus par la loi. Les formalités des testaments prescrites par le Code civil sont donc, non des formes de procédure, mais bien les conditions substantielles du droit lui-même. On pourrait comprendre que la fiction de l'*exterritorialité* ne s'applique pas aux lois de la procédure, mais il est évident que cette fiction, qui a pour but de faire jouir le Français en Orient de la plénitude de ses droits civils comme s'il était sur le territoire même de la France, doit avoir pour effet particulier de lui assurer toutes les garanties consacrées par les lois dans la métropole, spécialement en ce qui concerne les formalités substantielles et protectrices des testaments. Par suite, les prescriptions de l'ordonnance de 1681 touchant les testaments solennels doivent être écartées, et les formalités substantielles ordonnées par le Code civil et la loi sur le notariat doivent être seules observées à l'égard de la rédaction des testaments authentiques, dans les pays soumis au régime des capitulations.

III.

D'après le système qui vient d'être exposé, les chanceliers des consulats sont compétents pour rédiger les testaments solennels, mais ils doivent, à l'exclusion des formes prescrites par l'ordonnance de 1681, observer toutes les formalités exigées des notaires par le Code civil et par la loi du 25 ventôse an XI, dans les pays soumis au régime des capitulations.

Une autre opinion, dont les déductions sont peut-être moins mathématiques, mais qui allie heureusement les exigences de la pratique avec les principes du droit, laisse subsister en son entier l'article 24 de l'ordonnance de 1681, mais exige que les prescriptions de cette ordonnance soient complétées par les formalités substantielles du Code civil et de la loi notariale, dans la rédaction par les chanceliers des testaments solennels.

En fait, les différences qui existent entre ce système et le précédent se réduisent à quelques-unes. D'une part, le nombre des témoins instrumentaires est de deux au lieu de quatre, mais le consul étant présent constitue un troisième témoin ; d'autre part, au lieu de se borner aux consulats des pays soumis au régime des capitulations, ce dernier système s'applique aux chanceliers de tous les consulats ; car, ainsi que nous le verrons, la fiction de l'*exterritorialité* n'a pas d'influence sur la solution.

En droit, ce système se justifie tout à la fois par l'historique de la question, par les principes du droit et par les applications qu'en ont faites, en diverses sortes de matières, la doctrine et la jurisprudence.

Au point de vue historique, il paraît certain que, dans notre ancien droit, on complétait déjà les formalités rudimentaires indiquées dans l'article 24 de l'ordonnance de 1681, par les formalités substantielles exigées des notaires en France pour la rédaction des testaments authentiques. Les règles de droit commun et spécialement celles de l'ordonnance d'août 1735 devaient donc être observées par les chanceliers des consulats dans la rédaction des testaments solennels. [Valin, *Commentaire sur l'ordonnance sur la marine de* 1681, annoté par Bécane, p. 169 et suiv., sur l'art. 24 (1829). *Nouveau Commentaire sur l'ordonnance de la marine*, t. I, p. 173, sur l'art. 24 (1803).]

Il faut donc de deux choses l'une : ou admettre, à titre complémentaire de l'ordonnance de 1681, les prescriptions substantielles voulues par notre ancien droit pour la régularité des testaments solennels ; ou bien compléter les formes indiquées par l'ordonnance de 1681, par celles exigées à peine de nullité par le Code civil et par la loi sur le notariat. Autrement, en effet, on créerait une législation arbitraire, telle qu'elle n'a sans doute jamais existé, et les testaments solennels rédigés actuellement par les chanceliers présenteraient moins de garanties que dans notre ancien droit, puisque ni la législation de cette époque, ni les lois modernes ne viendraient compléter les prescriptions élémentaires de l'ordonnance de 1681.

A ce point de vue, l'opinion qui soutient que le chancelier doit se borner uniquement à exécuter les prescriptions de l'article 24 de l'ordonnance de 1681 ne peut se justifier.

Mais, pourrait-on objecter, les dispositions de droit commun de notre ancien droit, relatives aux testaments, ont été abrogées par la loi du 30 ventôse an XII.

Nous répondrons que si l'ordonnance de 1681 subsiste encore, elle doit subsister dans les conditions et avec les dispositions de droit commun qui étaient appelées à la compléter. L'abrogation prononcée par la loi du 30 ventôse an XII ne porterait donc pas sur les dispositions de l'ancien droit, qui étaient le complément nécessaire et légal de l'ordonnance de 1681.

D'ailleurs, si l'on considère l'ancienne législation comme abrogée en cette matière, il en résulte seulement que les formalités complémentaires auxquelles doit s'astreindre le chancelier du consulat sont celles prescrites par le Code civil et la loi du 25 ventôse an XI sur le notariat.

Cette solution trouve sa justification dans les principes de notre droit, tant ancien que moderne. (V. Valin, *ut supra*.)

Merlin, dans un réquisitoire du 20 juillet 1809 (*Rép.*, t. XIII, v° *Testament*, p. 620), expose ainsi ces principes : « Les lois spéciales font-elles « obstacle à l'application des lois générales ? Que signifie la règle : *In « toto jure generi per speciem derogatur, et illud potissimum habetur « quod ad speciem directum est ?* Elle signifie sans doute que dans les « points sur lesquels la loi spéciale se trouve en opposition avec la loi « générale, il est dérogé à celle-ci par celle-là..... Elle signifie sans « doute aussi que la loi générale dans les points sur lesquels elle est en « opposition avec la loi spéciale ne déroge pas à celle-ci, même alors « que celle-ci est antérieure..... Mais la règle : *In toto jure generi per « speciem derogatur* signifie-t-elle que, dans les points sur lesquels la « loi spéciale est muette, la loi générale ne doit pas suppléer à son « silence ? Non certes, la Cour de cassation a constamment jugé le « contraire. » Merlin cite à l'appui un certain nombre d'arrêts qui ont fait application de la loi générale à des matières spéciales, dans les cas où les lois particulières à ces matières gardaient le silence. Merlin conclut que : « Il est donc bien constant que les lois générales « conservent tout leur empire dans les points dépendant des matières « réglées par les lois spéciales, sur lesquels les lois spéciales ne se « sont pas expliquées. »

La doctrine et la jurisprudence ont souvent appliqué ces principes en déclarant que les lois spéciales à certaines procédures particulières, qui n'ont pas été abrogées par la promulgation des codes, sont toujours en vigueur.

C'est ce qui a été jugé en matière criminelle, relativement à la procédure des tribunaux maritimes (C. cass., ch. crim., 10 mai 1849, Minard ; D. P., 1849, I, 175, conclusions de M. le procureur général Dupin) ; en matière civile, en ce qui concerne les lois spéciales à l'enregistrement (avis du Conseil d'État, 1er juin 1807 ; Dalloz, *Rép.*, vº *Enregistrement,* nº 4807, note 3), et en ce qui concerne la procédure établie par la loi du 10 vendémiaire an IV sur la responsabilité des communes (aff. Cazelles, Cass., ch. civ., 19 nov. 1821 ; ch. réunies, 28 janv. 1826 ; Dalloz, *Rép.*, vº *Commune,* nº 1553, note 1). En matière administrative, la procédure devant le Conseil d'État est encore régie par le décret du 11 juin 1806, et la procédure devant les conseils de préfecture par l'arrêté du 19 fructidor an IX, nonobstant les dispositions contraires du Code de procédure.

Mais il est de principe de compléter ces modes de procédure par les formalités substantielles prescrites par le Code de procédure civile. C'est ce qui a été jugé plusieurs fois, spécialement en matière administrative. (Aucoc, *Conférences,* t. I, nº 320 ; Chauveau et Tambour, t. I, nº 377 ; Conseil d'État, 5 décembre 1860, François, p. 717 ; 10 avril 1867, Mouchette, p. 381 ; 30 juillet 1875, ville de la Châtre, p. 754 ; 14 janvier 1881, comm. d'Épaignes, p. 71.)

Ainsi encore, les règles de la procédure devant le tribunal du consul dans les Échelles du Levant et de la Barbarie, bien que déterminées par la législation spéciale à cette matière (arrêts précités, C. cass. 7 décembre 1863, Llewellyn, D. P., 1864, I, 129 ; 30 avril 1867, Crespin, D. P. 1868, I, 19 ; 3 janvier 1865, Giraud, D. P., 1869, I, 287), doivent cependant être complétées, lorsqu'elles gardent le silence, par les formalités substantielles prescrites par le Code de procédure civile (C. cass. 21 avril 1869, Messageries imp. ; 30 juillet 1870, Thiébaut, D. P., 1871, I, 104 et 105).

L'application des mêmes principes a été faite également par la doctrine et la jurisprudence, dans les matières de droit civil proprement dites.

Nous avons vu précédemment qu'un arrêt de la Cour de cassation (req. 4 février 1863, Aberjoux, D. P., 1863, I, 306) avait admis l'application du Code civil et de la loi du 25 ventôse an XI à l'égard d'un acte notarié dressé par un chancelier de consulat dans les Échelles ; bien que cet arrêt paraisse poser en règle générale que les lois de la métropole sont seules applicables dans les Échelles du Levant, il est clair cependant qu'il n'est pas en opposition avec les principes que nous venons d'exposer, et que l'on peut même le considérer comme en faisant implicitement l'application.

La circulaire ministérielle du 22 mars 1834, bien que repoussant en principe l'observation du Code civil et prescrivant uniquement l'application de l'article 24 de l'ordonnance de 1681 relativement à la rédaction des testaments solennels par les chanceliers des consulats, cette circulaire se trouve elle-même dans l'obligation de recourir aux règles posées par le Code civil. Ainsi, elle prescrit l'observation des articles 976 et suivants du Code civil touchant la réception des testaments mystiques par les chanceliers, l'ordonnance de 1681 n'ayant pas réglé ce mode de tester, qui était déterminé par l'ordonnance de 1735 pour les provinces de droit écrit de la France (Demolombe, t. IV, *Des Donations*, n° 328, p. 309). Bien plus, la circulaire de 1834 reconnaît formellement que, pour la réception des testaments solennels, la capacité des témoins instrumentaires doit être déterminée par l'article 980 du Code civil. Elle admet donc, dans ce cas, que le Code civil est appelé à compléter l'article 24 de l'ordonnance de 1681. Mais nous ferons observer que, lorsque cette circulaire se borne à compléter l'ancienne législation par les lois modernes, elle se conforme aux principes ; tandis que, lorsqu'elle crée une législation contraire à la loi, par exemple en exemptant les témoins de la capacité légale, elle viole les principes du droit et par suite n'a aucune portée juridique.

On pourrait objecter que le testament solennel étant une forme de disposer que le Code civil n'a pas prévue, et que d'ailleurs l'article 999 du Code civil se trouvant dans la section intitulée : *Des Règles particulières sur la forme de certains testaments,* on devrait faire abstraction complète des dispositions générales qui se trouvent dans les autres sections et laisser le testament solennel dressé par le chancelier en présence du consul et de deux témoins, réglé uniquement par le texte qui lui est spécial, c'est-à-dire par l'article 24 de l'ordonnance de 1681.

Mais, d'une part, les dispositions générales formant le droit commun, doivent être appliquées toutes les fois qu'une exception formelle n'y est pas apportée par le législateur. D'autre part, on peut remarquer qu'en annonçant seulement des règles particulières, la rubrique de la section II est inexacte et qu'on ne peut, par suite, tirer aucune conséquence de son emploi. La section II renferme, en effet, des règles aussi générales que possible, par exemple l'article 1001 qui déclare que les formalités auxquelles sont assujettis les testaments doivent être observées à peine de nullité. (Marcadé, t. IV, p. 44 et suiv., section II.)

Il faut donc en revenir à l'application des principes que nous avons exposés et admettre que toutes les fois que la loi spéciale a gardé le silence, les formalités substantielles exigées par la loi générale doivent être appelées à la compléter.

Aussi, conformément à ces principes, des auteurs importants admettent-ils que les prescriptions exigées à peine de nullité par le Code civil en matière de testaments authentiques doivent être observées dans la rédaction des testaments solennels ; notamment en ce qui concerne la dictée, l'écriture, la lecture du testament, la mention de ces diverses formalités, les signatures, la présence et la capacité des témoins, etc. (De Clercq et de Valat, *Guide pratique des consulats*, t. I, p. 324.) Cette solution a été également admise par un arrêt de la cour d'appel d'Aix (16 février 1871, D. P., 1872, II, 52, Lafont), qui déclare que, pour déterminer les formalités intrinsèques du testament solennel établi par l'article 24 de l'ordonnance de 1681, il faut recourir à la législation générale sur la matière ; que, soit l'ordonnance de 1735, soit le Code civil dans l'article 972, exigent la dictée par le testateur et que l'article 1001 du même Code l'ordonne à peine de nullité.

Enfin, la Cour de cassation, dans un arrêt récent précédemment cité (Chambre civile, 20 mars 1883, aff. Vidal, D. P. 1883, I, 145), statuant dans une espèce relative à un testament dressé par le chancelier du consulat général à Bucharest, a consacré l'opinion qui veut que les prescriptions de l'article 24 de l'ordonnance de 1681 soient complétées par les formalités substantielles du Code civil. Cet arrêt, après avoir visé l'article 8 de l'édit de juin 1778, l'article 68 de la loi du 25 ventôse an XI, l'article 1001 du Code civil, s'exprime en ces termes : « Attendu que l'article 24, titre IX, livre Ier, de l'ordonnance « d'août 1681 sur la marine, en déclarant que les testaments reçus par « le chancelier, dans l'étendue du consulat, en présence du consul et de « deux témoins, et signés d'eux, seront réputés solennels, ne règle pas « d'une manière complète tout ce qui concerne les testaments faits par « les Français à l'étranger, par-devant les officiers publics de leur nation ; « qu'il détermine seulement le nombre des témoins instrumentaires né- « cessaires pour que l'acte soit réputé solennel, mais que, loin d'abroger, « pour la rédaction des testaments dont il s'agit, les dispositions du « droit commun, il s'y réfère au contraire implicitement et nécessaire- « ment ; qu'il est en effet impossible d'admettre que le législateur ait « voulu dispenser de toute formalité quelconque la rédaction d'actes « aussi graves et aussi importants. Attendu d'ailleurs que les chanceliers « des consulats remplissent les fonctions de notaire ; que cette qualité « leur a été expressément attribuée par l'article 8 de l'édit susvisé de « 1778, portant règlement sur les fonctions judiciaires et de police

« qu'exercent les consuls de France en pays étranger, et particulièrement
« dans les Échelles du Levant et de Barbarie ; que dès lors les chan-
« celiers de consulats doivent se conformer, dans la rédaction des testa-
« ments comme dans celle de tous autres actes, aux règles prescrites
« par le droit commun pour la rédaction des actes notariés. Attendu que
« le droit commun qui résultait autrefois des dispositions des coutumes,
« de l'ordonnance d'août 1735 sur les testaments et de l'arrêt de règle-
« ment du 4 septembre 1685, a été constitué en dernier lieu par le Code
« civil et par la loi du 25 ventôse an XI, lesquels sont devenus de plein
« droit applicables, du jour de leur promulgation en France, à tous les
« testaments reçus depuis par les chanceliers des consulats de France à
« l'étranger, concurremment avec la disposition spéciale de l'ordonnance
« de 1681 précitée. Attendu que, devant la cour d'Aix comme en pre-
« mière instance, les époux Vidal demandaient l'annulation du testa-
« ment pour violation des formes prescrites tant par le Code civil que
« par la loi du 25 ventôse an XI, et relevaient plusieurs griefs, entre
« autres l'inobservation de l'article 972 du Code civil et de l'article 68
« de la loi du 25 ventôse an XI….. »

Il est de principe, en effet, que les dispositions contenues dans ces
lois doivent toujours être combinées. (Aubry et Rau, t. VII, § 664, p. 93.)

L'importance de la solution consacrée par cet arrêt n'échappera à
personne. En effet, l'accomplissement des formes exigées par la loi en
matière de testament a pour but d'assurer la sincérité et l'exactitude de
l'acte et la liberté du disposant ; c'est pour ces raisons que celles de ces
formalités que la loi a considérées comme des garanties plus efficaces
doivent être observées à peine de nullité (art. 12 et 68, loi du 25 ventôse an XI ; art. 893, 972 et 1001 du Code civil). Il y a dans le
respect de ces formalités un intérêt social engagé ; aussi comprend-on
la rigueur que met le législateur à exiger leur accomplissement.

On peut donc dire en principe que toute formalité exigée par la loi
à peine de nullité du testament est une formalité substantielle, qui
doit par suite être observée par le chancelier dans la rédaction des
testaments solennels.

Ainsi le chancelier du consulat devra, de même que le notaire, indiquer
le domicile des témoins instrumentaires, parce que c'est le seul moyen
de vérifier leur capacité légale. (Art. 12, loi du 25 ventôse an XI, Aubry
et Rau, t. VII, § 670, p. 122 et les notes. — Demolombe, t. XXI, n°s 189
et 230. — Dalloz, *Rép.*, v° *Disp. entre vifs et testam.*, n°s 3139 et suiv.)

Ainsi encore, il devra accomplir toutes les formalités et écrire toutes les mentions exigées par l'article 972 du Code civil, à peine de nullité. Par exemple : mention doit être faite que le testament a été écrit par le chancelier lui-même (Aubry et Rau, *eod. loc.*, p. 128 ; Demolombe, *eod. loc.*, n⁰ˢ 289 et suiv., p. 277 ; Marcadé, t. IV, sur l'art. 972, n⁰ 4 ; Dalloz, *Rép.*, *eod. verbo*, n⁰ 2890) ; que les témoins étaient présents lors de la dictée et de l'écriture du testament (Aubry et Rau, *eod. loc.*, p. 123 et 124 ; Demolombe, *eod. loc.*, n⁰ 256, p. 249 ; Dalloz, *eod. verbo*, n⁰ˢ 2905 et suiv.) ; que la lecture du testament a été faite au testateur en présence des témoins (Aubry et Rau, *eod. loc.*, p. 129 ; Demolombe, *eod. loc.*, n⁰ 267, p. 255 ; Dalloz, *Rép.*, *eod. verbo*, n⁰ 2947) ; l'accomplissement de cette formalité est exigée expressément du chancelier dans la rédaction des testaments solennels par l'arrêt de la Cour de cassation du 20 mars 1883 précité. Les clauses additionnelles du testament doivent également être revêtues de toutes les formalités indiquées par la loi, à peine de nullité du testament tout entier. (Aubry et Rau, *eod. loc.*, p. 135.) Enfin, la jurisprudence et la doctrine déclarent, d'une manière unanime, la nullité des testaments qui ne seraient pas dressés conformément à ces prescriptions, ainsi qu'aux autres règles exigées d'une manière expresse par le législateur. (V. notamment C. cass., ch. civ., 22 juin 1881, Floch ; D. P., 1882, I, 180.) Aux termes des principes que nous venons d'exposer, le testament solennel qui ne serait pas revêtu de ces formalités serait donc radicalement nul.

En résumé, l'arrêt de la Cour de cassation du 20 mars 1883, lorsqu'il exige que les prescriptions de l'ordonnance de 1681, relatives aux testaments solennels dressés par les chanceliers des consulats, soient complétées par les formalités substantielles imposées par la loi sur le notariat et le Code civil, aux notaires dans la rédaction des testaments authentiques, n'a fait qu'appliquer les principes de droit admis par une jurisprudence constante. On doit observer en dernier lieu que les termes généraux de l'arrêt du 20 mars 1883 posent un principe applicable à tous les testaments solennels dressés par les chanceliers des consulats, dans quelque pays que le poste consulaire soit situé.

Nancy, impr. Berger-Levrault et Cⁱᵉ.

Manuel électoral. Guide pratique de l'électeur et du maire, comprenant les élections municipales, départementales, législatives, etc., par GUERLIN DE GUER, chef de division à la préfecture du Calvados. 1880. Un volume in-12 de 378 pages, broché. **3 fr. 50 c.**
Relié en percaline. . . . . **4 fr. 50 c.**

Organisation électorale et représentative de tous les pays civilisés, par J. CHARBONNIER. 2ᵉ édition, revue, corrigée et considérablement augmentée. 1883. 1 volume in-8° de 776 pages; broché . . . . **10 fr.**

Traité de l'État civil et des actes qui s'y rattachent, annoté et commenté par Ed. BÉQUET. 1883. Volume de 1052 pages, in-8°; br., 15 fr. Relié en demi-chagrin. 18 fr.

Petit Dictionnaire d'administration communale, par A. SOUVIRON, chef de division à la préfecture de la Seine. 1880. 1 vol. in-12, broché, 1 fr. 50 c.; relié en percale. **2 fr.**

Guide manuel de l'officier de l'état civil. Instructions pratiques suivies d'un grand nombre de formules, par L. A. LEMPFRIT DE SAINT-VENANT, juge de paix. 1880. In-12, broché. . . . . **1 fr. 50 c.**

Le Ministère des Finances, son fonctionnement, suivi d'une étude sur l'organisation générale des autres ministères, par J. JOSAT, sous-chef de bureau au ministère des finances. Un très fort volume grand in-8° de 1,000 pages, broché. . . . . . **15 fr.**

De l'Organisation municipale de Paris sous l'ancien régime, par Paul ROBIQUET, avocat au Conseil d'État. 1882. Gr. in-8°, broché. . . . . **1 fr. 50 c.**

Comment se fait la loi, par Alfred BONSERGENT, attaché à la présidence du Sénat. — I. La Constitution. — II. Le Pouvoir exécutif. — III. Le Sénat. — IV. La Chambre des députés. — V. Le Rôle éventuel des conseils généraux. — VI. La Procédure parlementaire. 1881. In-12, broché . . . . **1 fr. 50 c.**

Guide pratique des candidats aux examens de l'administration centrale du ministère des finances, par J. JOSAT, sous-chef de bureau au ministère des finances. 1882. Gr. in-8°, broché. . . . . **3 fr.**

Attributions des Maires en matière de cours d'eau non navigables, par Edg. TRIGANT-GENESTE, conseiller de préfecture. 1883. Gr. in-8°. . . . . **1 fr.**

Caractère obligatoire des subventions allouées sur l'octroi, aux hospices et aux bureaux de bienfaisance, par A. CHEVALIER, ancien chef des services hospitaliers au ministère de l'intérieur. 1883. Gr. in-8° . . . . **1 fr.**

Des Autorisations et des contrats portant concession en ce qui concerne l'éclairage au gaz dans les villes, par R. TOUTAIN, professeur de droit à la Faculté de Caen. 1882. Gr. in-8°. . . . . **1 fr.**

De l'Avenir des biens communaux en France et particulièrement dans les pays sectionnaires, par F. Juillet SAINT-LAGER, secrétaire général de préfecture. 1882. Gr. in-8° . . . . **2 fr.**

La Loi concernant les aliénés. Mémoire adressé à la Commission chargée d'élaborer un nouveau projet de loi, par J. DE CRISENOY, ancien conseiller d'État, ancien directeur au ministère de l'intérieur. 1882. Gr. in-8° . . . . **2 fr. 50 c.**

Étude sur le projet de révision de la loi concernant les logements insalubres, par G. JOURDAN, chef de bureau à la préfecture de la Seine. 1883. Gr. in-8°. . . . **2 fr.**

Les Établissements insalubres. L'Industrie et l'Hygiène, par E. GUERLIN DE GUER, chef de division de préfecture. 1883. Gr. in-8°. . . . . **1 fr. 50 c.**

Les Établissements d'utilité publique, par Élie DE BIRAN. 1882. Gr. in-8°. **1 fr. 75 c.**

Du Partage des biens des pauvres à la suite de démembrements de communes, par P. GÉRARD, rédacteur au ministère de l'intérieur. 1883. Gr. in-8° . . . . . . **1 fr.**

Libéralités charitables. Capacité des établissements ecclésiastiques et des bureaux de bienfaisance, par Léon BÉQUET, maître des requêtes au Conseil d'État. 1882. Gr.-8°, broché. . . . . **1 fr. 75 c.**

Les Assemblées représentatives du commerce sous l'ancien régime, par P. BONNASSIEUX, archiviste aux Archives nationales. 1883. — Gr. in-8° . . . . **1 fr.**

La Question des grèves sous l'ancien régime. La Grève de Lyon en 1744, épisode de l'histoire commerciale et industrielle de la France, par P. BONNASSIEUX, archiviste aux Archives nationales. 1882. Gr. in-8° . . . . **2 fr.**

Du Concours entre l'inscription, la transcription et la saisie en matière hypothécaire, par A. JALOUZET, conservateur des hypothèques. 1882. Gr. in-8° . . . . . . **50 c.**

Nancy, imp. Berger-Levrault et Cie

www.ingramcontent.com/pod-product-compliance
Lightning Source LLC
Chambersburg PA
CBHW061751060726
47597CB00007B/2870